AF221315

Impressum
Verlag: BABADADA GmbH, Nedderfeld 112 , 22529 Hamburg
Geschäftsführer / Verlagsleitung: Harald Hof
Druck: Books on Demand GmbH, In de Tarpen 42, 22848 Norderstedt

Imprint
Publisher: BABADADA GmbH, Nedderfeld 112 , 22529 Hamburg, Germany
Managing Director / Publishing direction: Harald Hof
Print: Books on Demand GmbH, In de Tarpen 42, 22848 Norderstedt

colegio

ښوونځی

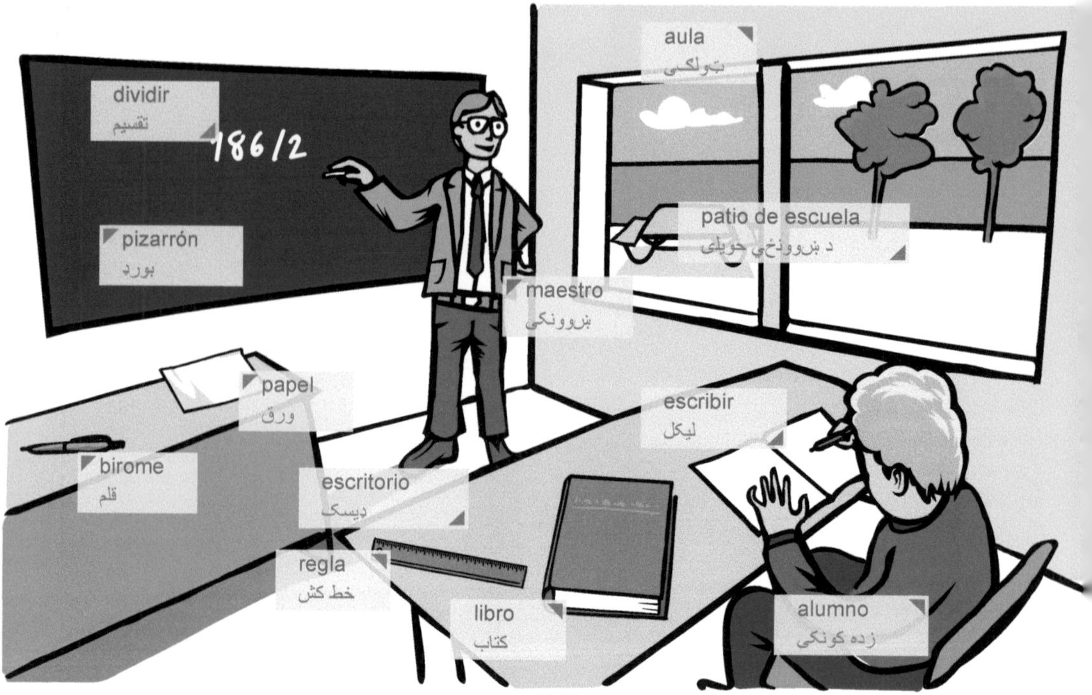

aula
ټولګی
dividir
تقسیم
186/2
pizarrón
بورډ
patio de escuela
د ښوونځي حویلی
maestro
ښوونکی
papel
ورق
escribir
لیکل
birome
قلم
escritorio
ډیسک
regla
خط کش
libro
کتاب
alumno
زده کونکی

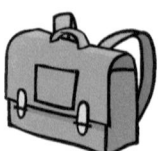

mochila

کڅوړه

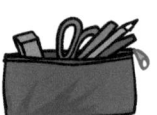

caja de lápices

د پنسل بکسه

lápiz

پنسل

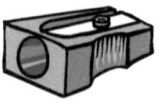

sacapuntas

پنسل تراش

goma (de borrar)

ربړ

bloc de dibujo

د رسامۍ پاڼه

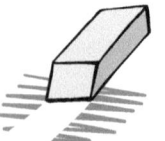

dibujo

رسامي

pincel

د نقاشی برس

caja de pinturas

د نقاشی بکس

tijera

قیچي

pegamento

سریش

cuaderno de ejercicios

د تمرین کتاب

tarea

کورنی دنده

número

شمیر

sumar

جمع

restar

منفي

multiplicar

ضرب

calcular

حساب

letra

توری

abecedario

الفبا

palabra

کلمه

texto

متن

leer

لوستل

tiza

تباشیر

lección

درس

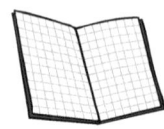

cuaderno de clase

راجستر

examen

ازموینه

certificado

تصدیق پانه

uniforme escolar

د بښوونځي یونیفارم

educación

تعلیم

enciclopedia

دایره المعارف

universidad

پوهنتون

microscopio

مایکروسکوپ

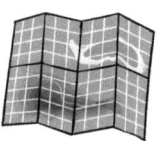

mapa

نقشه

tacho (de basura)

اشغالدانی

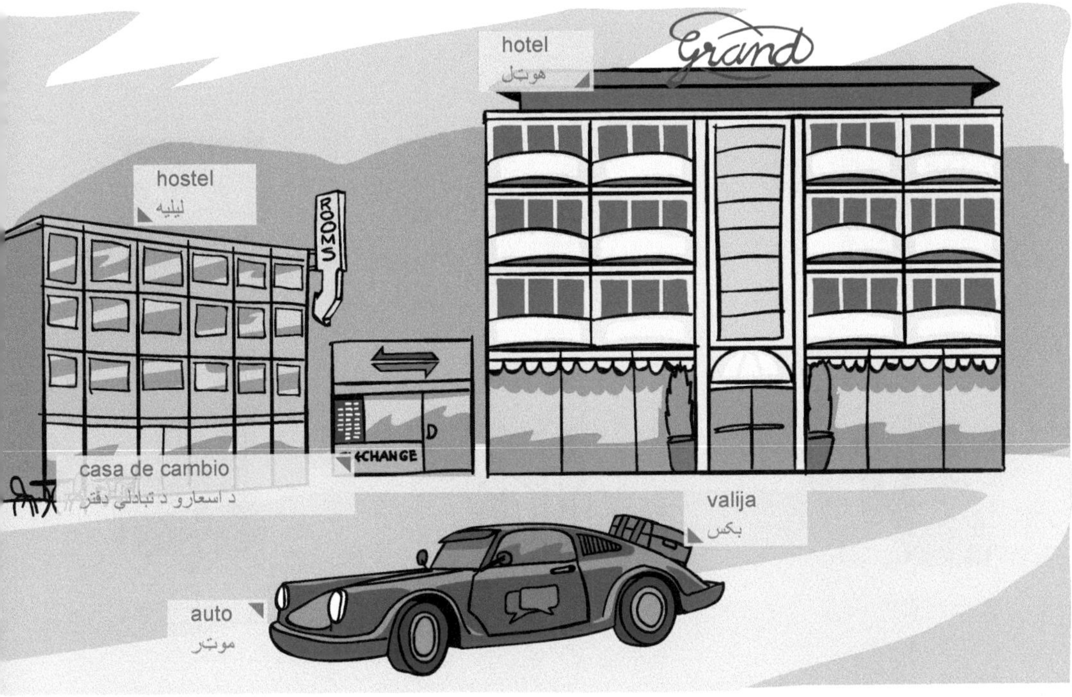

hotel
هوټل
Grand
hostel
ليليه
ROOMS
CHANGE
casa de cambio
د اسعارو د تبادلې دفتر
valija
بکس
auto
موټر

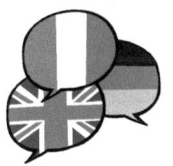

idioma

ژبه

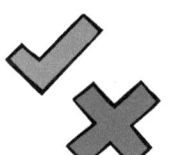

sí / no

هو/نه

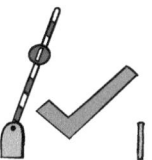

Está bien

سمه ده

hola

سلام

traductor

ژباړونکی

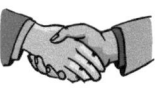

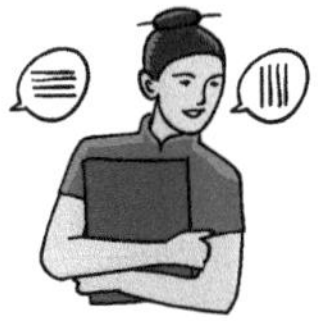

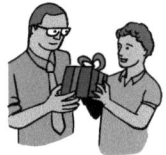

Gracias

مننه

¿cuánto cuesta...?

څومره دي...؟

No entiendo

زه نه پوهېږم

problema

ستونزه

¡Buenas tardes!

ماښام مو پخیر!

¡Buenos días!

سهار په خیر!

¡Buenas noches!

شپه په خیر!

adiós

په مخه مو ښه

dirección

لاربښود

equipaje

سامان

bolso

بیک

mochila

شاتنی بکس

invitado

میلمه

habitación

خونه

bolsa de dormir

د خوب کڅوړه

carpa

خیمه

información turística

د توريزم معلومات

playa

ساحل

tarjeta de crédito

کریدیټ کارت

desayuno

ناری

almuerzo

د غرمي خواړه

cena

د شپې خواړه

pasaje

ټیکټ

ascensor

لفټ

sello

مهر

frontera

پوله

aduana

ګمرک

embajada

سفارت

visa

ویزه

pasaporte

پاسپورټ

transporte

ټرانسپورټ

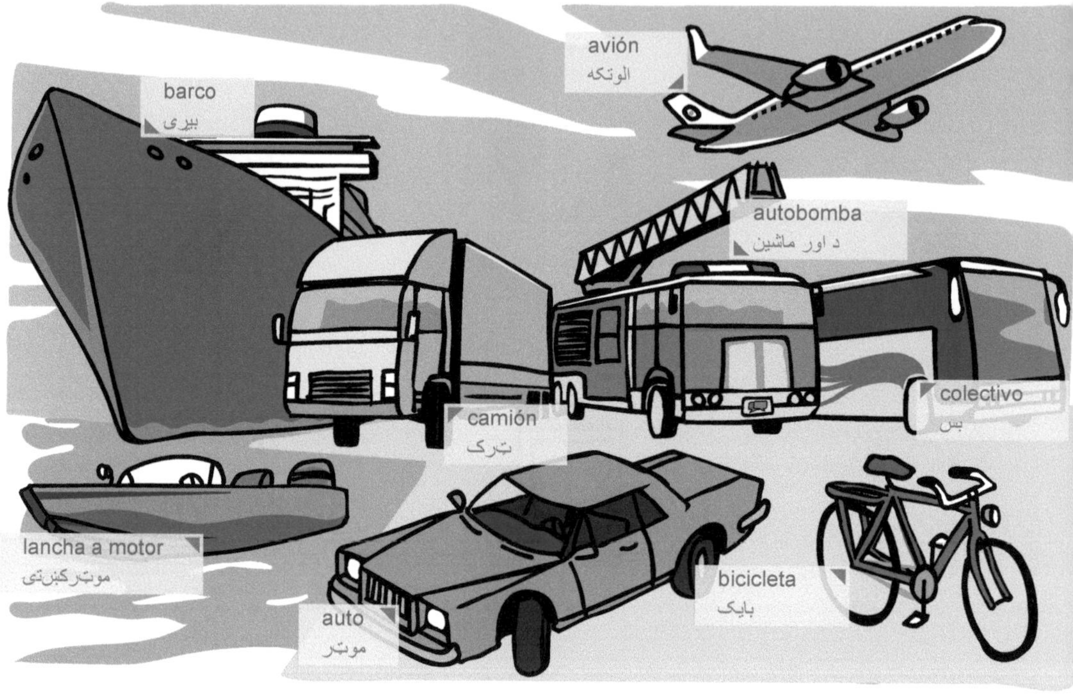

avión
الوتکه
barco
بیړی
autobomba
د اور ماشین
colectivo
بس
camión
ټرک
lancha a motor
موټرکښتی
bicicleta
بایک
auto
موټر

ferry

کښتی

bote

کښتی

moto

موټرسایکل

patrullero

د پولیسو موټر

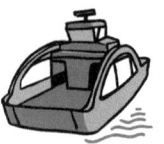

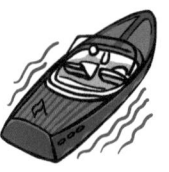

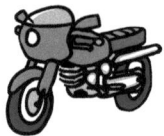

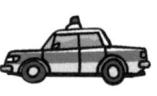

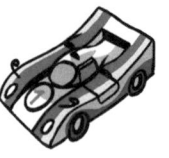

auto de carreras

د ریس موټر

auto de alquiler

کرایی موټر

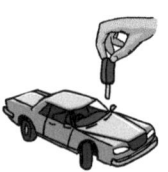

alquiler de autos
د کرایه موټری

grúa
جرثقیل لرونکی ټرک

camión de basura
ریفیوز ټرک

motor
موټر

nafta
سونګ توکي

estación de servicio
پټرول سټیشن

señal de tránsito
ترافیکي نښه

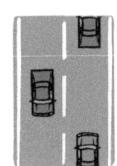

tránsito
ترافیک

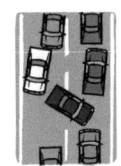

embotellamiento
جام ترافیک

estacionamiento
د موټرو ځمځای

estación de tren
د ریل سټیشن

vías
پاټکي

tren
ریل

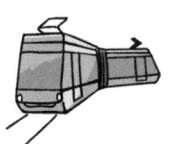

tranvía
ټرام

vagón
واګون

helicóptero

چورلکه

aeropuerto

هوايي ډگر

torre

برج

pasajero

مسافر

contenedor

کانتينر

caja de cartón

کارتون

carretilla

کارت

canasta

ټوکری

despegar / aterrizar

الوتنه کول/کښېناستل

ciudد

ښار

pueblo

کلی

centro de ciudad

د ښار مرکز

casa

کور

cine
سینما

publicidad
اعلان

farol
د کوڅی لامپ

CINEMA

calle
کوڅه

taxi
ټیکسی

kiosco
د خوارو پلورنځی

peatón
پیاده

vereda
پلی لاره

paso peatonal
د سړک څخه تیریدو لاره

contenedor de basura
اشغالدانی (لوی)

cruce
د تیریدو لاره

semáforo
د ترافیک څراغونه

cabaña
کوډله

departamento
اپارتمان

estación de tren
د ریل ستیشن

municipalidad
ټاون هال

museo
میوزیم

colegio
ښوونځی

universidad

پوهنتون

banco

بانک

hospital

روغتون

hotel

هوټل

farmacia

درملتون

oficina

دفتر

librería

کتاب پلورنځی

negocio

پلورنځی

florería

د ګلانو پلورنځی

supermercado

لوی پلورنځی

mercado

مارکیټ

grandes tiendas

د ډيپارټمنټ سټور

pescadería

کب پلورنځی

centro comercial

د پلور مرکز

puerto

لنګرتون

parque

پارک

banco

بينچ

puente

پل

escaleras

زينه

subte

د خُمکي لاندي

túnel

تونل

parada del colectivo

بس تمځای

bar

بار

restaurante

ريسټورانت

buzón

پوست بکس

letrero

د کوڅي نښه

parquímetro

د پارک کولو میټر

zoológico

ژوبڼ

pileta

د لامبو حوض

mezquita

مسجد

granja

كرونده

contaminación

ناپاكي

cementerio

هديره

iglesia

چرچ

juegos infantiles

د لوبو ډكر

templo

معبد/كليسا

paisaje

منظره

hoja
پاڼه

poste indicador
د لاريښوونى نښه

camino
لاره

pradera
چمن

piedra
كاڼى

árbol
وڼه

excursionista
هيكر

río
سيند

hierba
واښه

flor
ګل

valle

دره

montaña

غوندی

lago

ناور

bosque

ځنګل

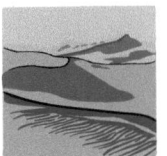

desierto

دشته

volcán

اورشیندی

castillo

کلا

arco iris

رنګین کمان

champiñón

مرخیړي

palmera

پلم ونه

mosquito

ماشي

mosca

الوتل

hormiga

میږی

abeja

مچی

araña

غوندد/جولا

escarabajo

كونگىت

rana

چونگشه

ardilla

نولى

erizo

زيرىكى

liebre

سوى

lechuza

كونگ

pájaro

مرغى

cisne

قازه

jabalí

نرخوك

ciervo

هوسى

alce

گاوزه

presa

بند

aerogenerador

بادي توربين

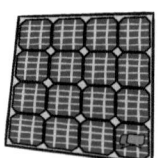

panel solar

سولر تختي

clima

اقليم

restaurante

ریسټورانټ

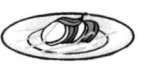

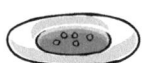

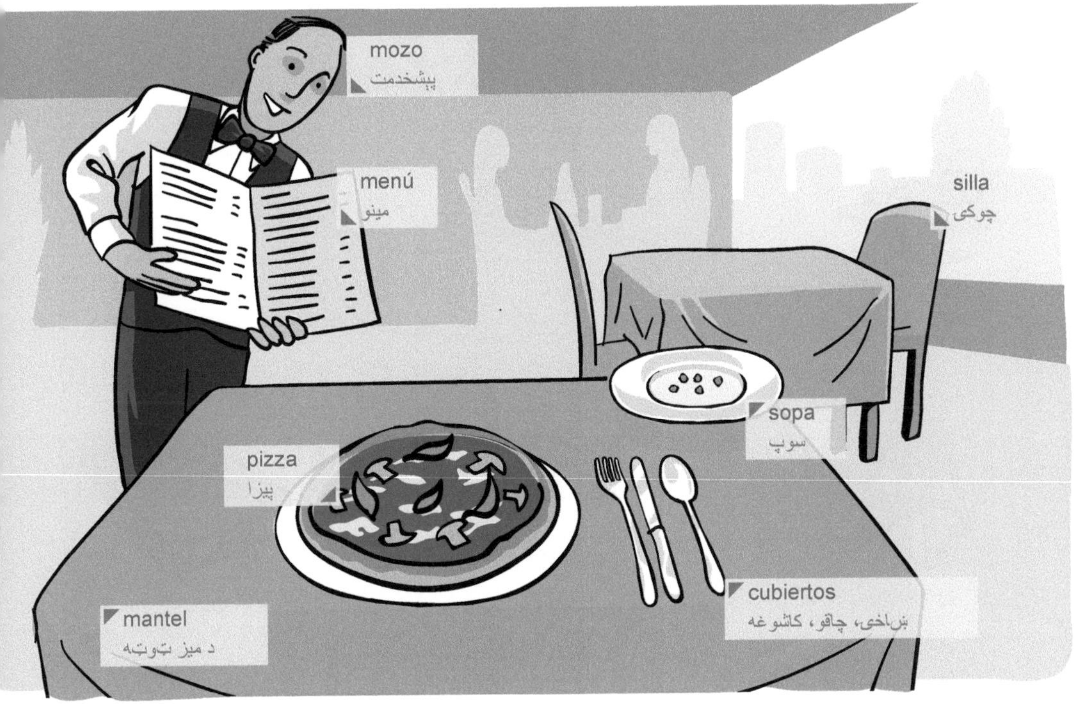

mozo
پیشخدمت
menú
مینو
silla
چوکی
sopa
سوپ
pizza
پیزا
cubiertos
ښاخی، چاقو، کاشوغه
mantel
د میز ټوټه

entrada

سټارټر

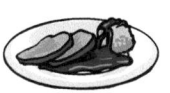

plato principal

اصلي خواړه

postre

شیریني

bebidas

څښاک

comida

خواړه

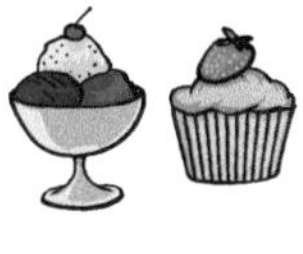

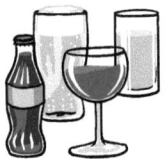

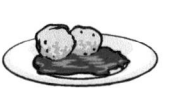

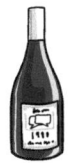

botella

بوتل

comida rápida

فاست فود

comida callejera

د کوڅي خواره

tetera

چای جوش

azucarera

قندانی

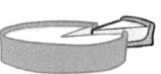

porción

برخه

cafetera expreso

اسپرسو مشین

sillita alta

لوړه چوکی

cuenta

رسید

bandeja

مجمه

cuchillo

چاکو

tenedor

پنجه

cuchara

قاشق

cucharita

چای قاشق

servilleta

سورويټ

vaso

ګلاس

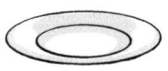

plato

پلیټ

plato hondo

د سوپ پلیټ

plato

نالبکی

salsa

ساس

salero

مالګه شیندونکی

molinillo de pimienta

د مرچ ټکولو لوخی

vinagre

سرکه

aceite

غوړي

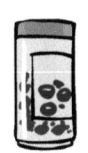

especias

مساله

kétchup

کچ اپ

mostaza

ثرشم

mayonesa

چکه

supermercado

لوی پلورنځی

oferta especial
ځانګړی وړانديز
cliente
پیرودونکی
lácteos
لبنیات
FOR
fruta
میوه
changuito
لاسي ځړخ

BUTCHERS

carnicería

قصابي

BAKERY

panadería

نانوايي

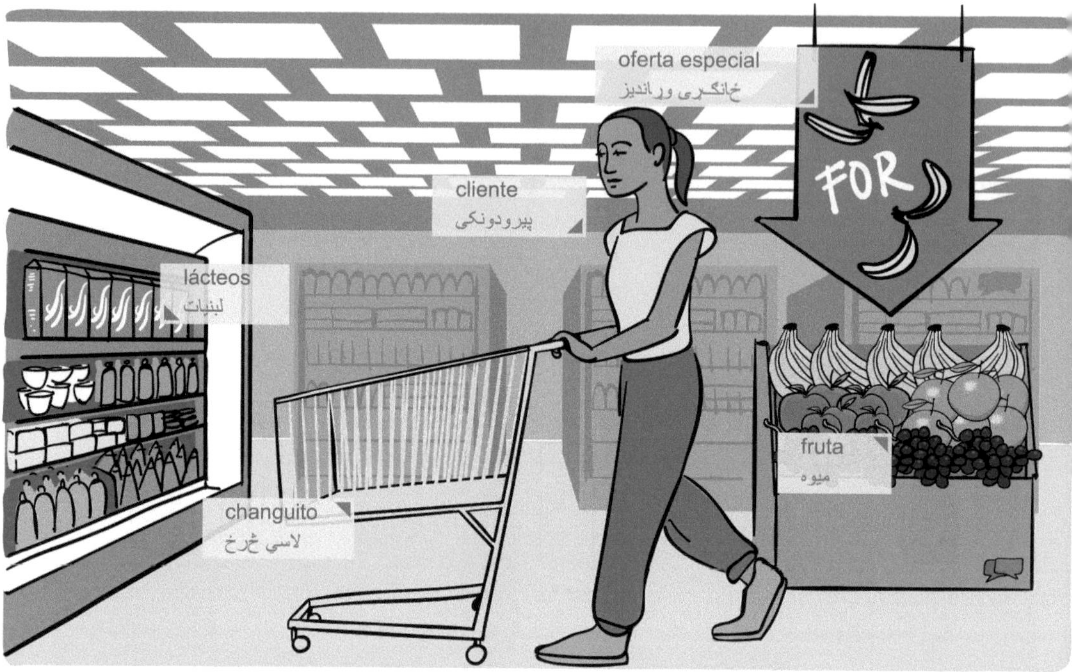

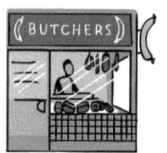

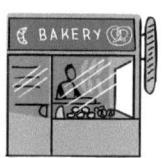

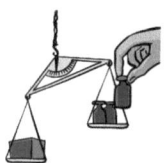

pesar

وزن کول

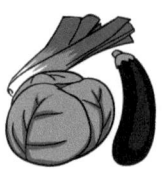

verduras

سبزیجات

carne

غوښه

alimentos congelados

کنګل خواره

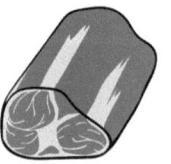

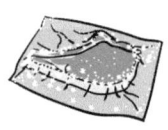

fiambres

یخه غوښه

alimentos enlatados

کنسروا خواړه

detergente en polvo

د مینځلو پوډر

golosinas

شیریني

electrodomésticos

کورنی تولیدات

productos de limpieza

د پاکولو محصولات

vendedora

د پلور فرد

caja

د نغدي راجستر

cajero

صراف

lista de compras

د پیرود لیست

horario de atención

کاري ساعتونه

billetera

بټوه

tarjeta de crédito

کریډیټ کارت

cartera

کڅوړه

bolsa de plástico

پلاستیک کڅوړه

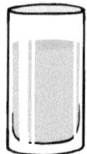

agua

اوبه

jugo

جوس

leche

شیده

bebida cola

کوک

vino

واین

cerveza

بیر

alcohol

الکول

cacao

ککاو

té

چای

café

کافي

café expreso

اسپرسو

cappuccino

کپچینو

banana

کیله

manzana

منه

naranja

نارنج

melón

هندوانه

limón

لیمو

zanahoria

گازره

ajo

هووره

bambú

بانکس

cebolla

پیاز

champiñón

مرخیری

nueces

چغزی

fideos

آش

tallarines

سپیگتي

arroz

وریجي

ensalada

سلاد

papas fritas

چپس

papas fritas

سره کري کچالو

pizza

پیزا

hamburguesa

همبرگر

sándwich

ساندویچ

churrasco

کټه

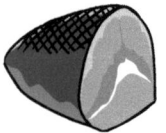

jamón

د پتون غوښه

salame

سلمي

salchicha

ساسیچ

pollo

چرگ

asado

روسټ

pescado

کب

copos de avena

د وربشي شیرني

muesli

موسلي

copos de maíz

د جوار پلی

harina

اوړه

medialuna

کروسانت

pancito

د ډوډۍ رول

pan

ډوډۍ

tostada

ټوسټ

galletitas

بسکیت

manteca

کوچ

cuajada

چکه

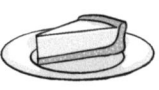

torta

کیک

huevo

هګۍ

huevo frito

پیڅي هګۍ

queso

پنیر

helado

آيس كريم

azúcar

بوره

miel

شهد

mermelada

مربا

pasta de chocolate

نوكات كريم

curry

كوركمان

granja
د كروندى خونه

granero
غوجل

fardo de paja
د بوسو كيدى

campo
خمكه

caballo
اس

remolque
لاس گادى

potrillo
كوچنى اس

tractor
تراكتر

burro
خر

cordero
ورى

oveja
پسه

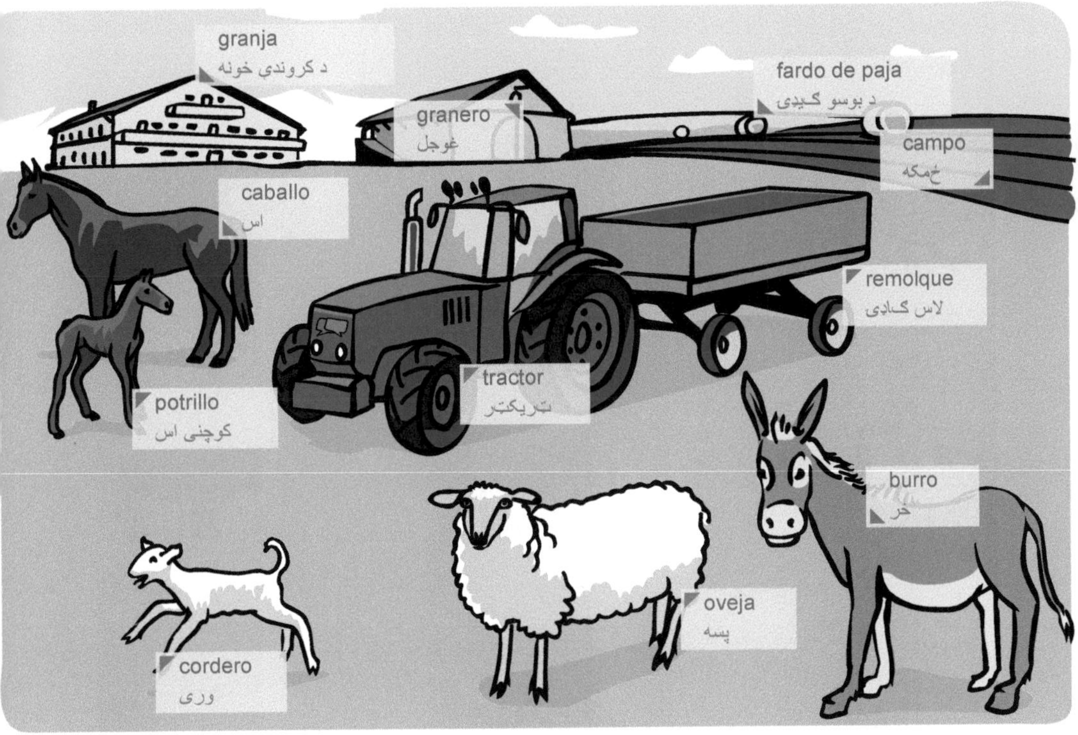

cabra

وزه

vaca

غوا

ternero

خوسكى

cerdo

خوگ

lechón

د خوگ بچى

toro

غويى

ganso

بتّه

pato

هیلی

pollo

چرگوړی

gallina

چرگه

gallo

بانگي

rata

سارای موږک

gato

پیشک

ratón

موږک

buey

غوبی

perro

سپی

cucha

د سپي خونه

manguera

د باغ هوز

regadera

د اوبو لوخی

guadaña

لور (داس)

arado

یوی

hoz

لور

azada

رمبی

horquilla

بزغاخی

hacha

تبر

carretilla

کراچی

abrevadero

ناوه

lechera

د شیدو لوخی

bolsa

جوال

reja

کتاره

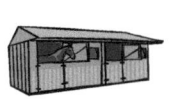

establo

مضبوط

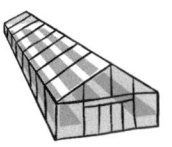

invernadero

شنه خونه

suelo

خاوره

semilla

تخم

fertilizador

سره/کود

cosechadora

کـد ریبونکی ماشین

cosechar

زيرمه کول

cosecha

درمند

batatas

خوارره کچالو

trigo

غنم

soja

سويا

papa

کچالو

maíz

جوار

semilla de colza

نباتي تخم

árbol frutal

د ميوي ونه

mandioca

مانيوک

cereales

غله

casa

کور

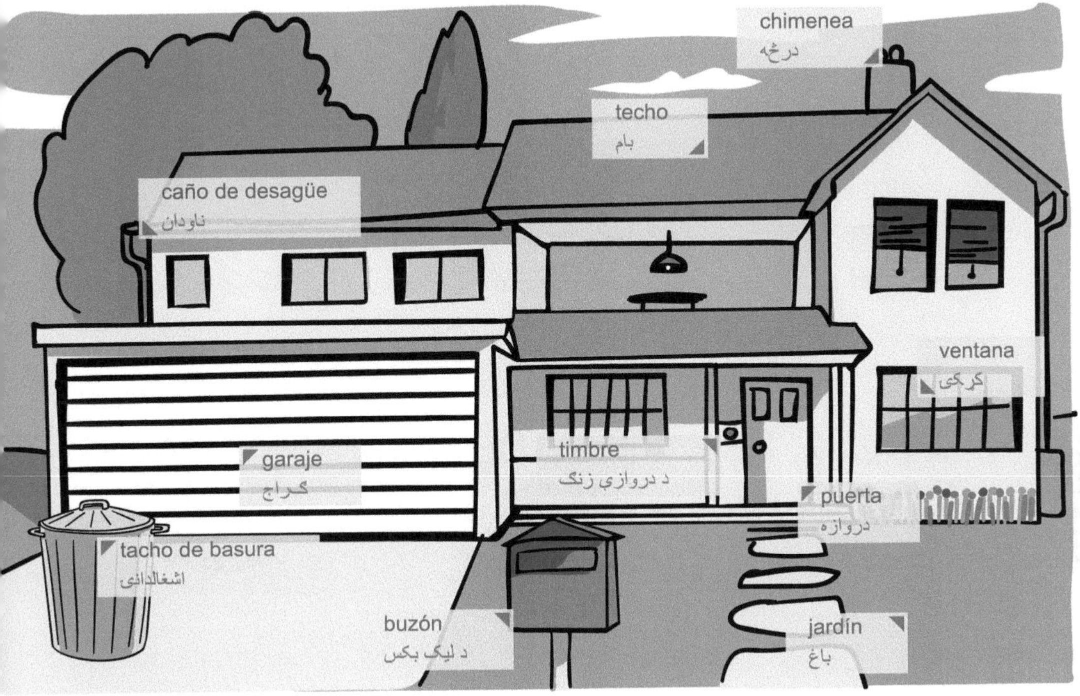
chimenea
درڅه
techo
بام
caño de desagüe
ناودان
ventana
کړکۍ
garaje
ګراج
timbre
د دروازې زنګ
puerta
دروازه
tacho de basura
اشغالدانی
buzón
د لیک بکس
jardín
باغ

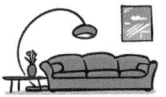

living

د اوسیدو خونه

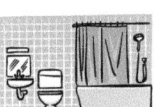

baño

حمام

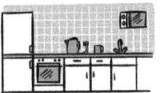

cocina

پخلنځی

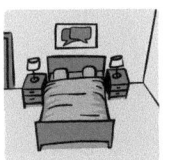

dormitorio

د ویده کیدو خونه

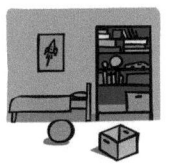

cuarto de los chicos

د ماشوم خونه

comedor

د خوړو خونه

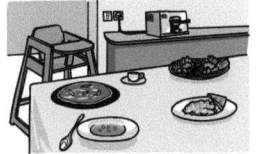

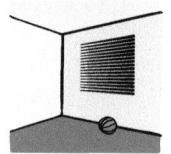

piso

فرش

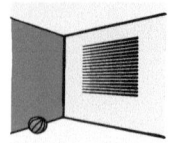

pared

دیوال

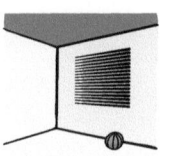

cielorraso

چت

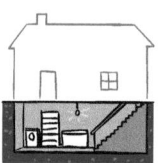

sótano

زیرخانه

sauna

سونا

balcón

بالکوني

terraza

ټراس

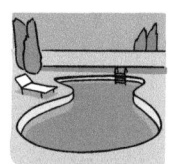

pileta

حوض

cortadora de pasto

د چمن وهلو ماشين

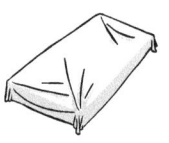

sábana

شیت

acolchado

روجایی

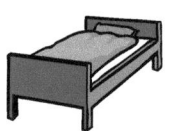

cama

تخت

escoba

جارو

balde

بوکه

interruptor

سویچ

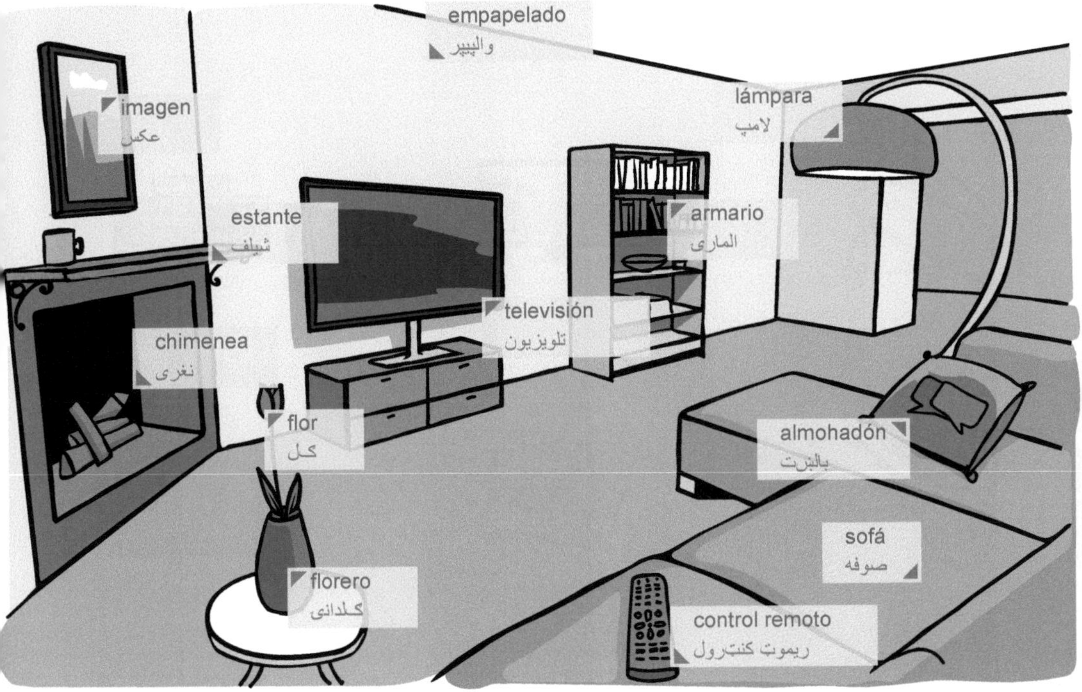

empapelado
والپيپر

imagen
عكس

lámpara
لامپ

estante
شيلف

armario
الماري

chimenea
نغرى

televisión
تلويزيون

flor
گل

almohadón
بالښت

florero
گلدانى

sofá
صوفه

control remoto
ريموټ كنترول

alfombra

غالى

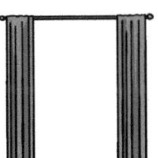

cortina

پرده

mesa

ميز

silla

چوكى

mecedora

تاويدونكى چوكى

sillón

بازو لرونكى چوكى

libro

كتاب

frazada

كمپل

decoración

ديكوريشن

leña

د اور لرګي

película

فلم

equipo de música

هايفای

llave

كلي

diario

ورځپاڼه

pintura

نقاشي

póster

پوسټر

radio

راډيو

cuaderno

كتابچه

aspiradora

واكيوم جارو

cactus

كاكتوس

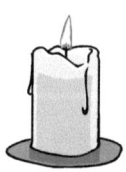

vela

شمع

cocina

پخلنځی

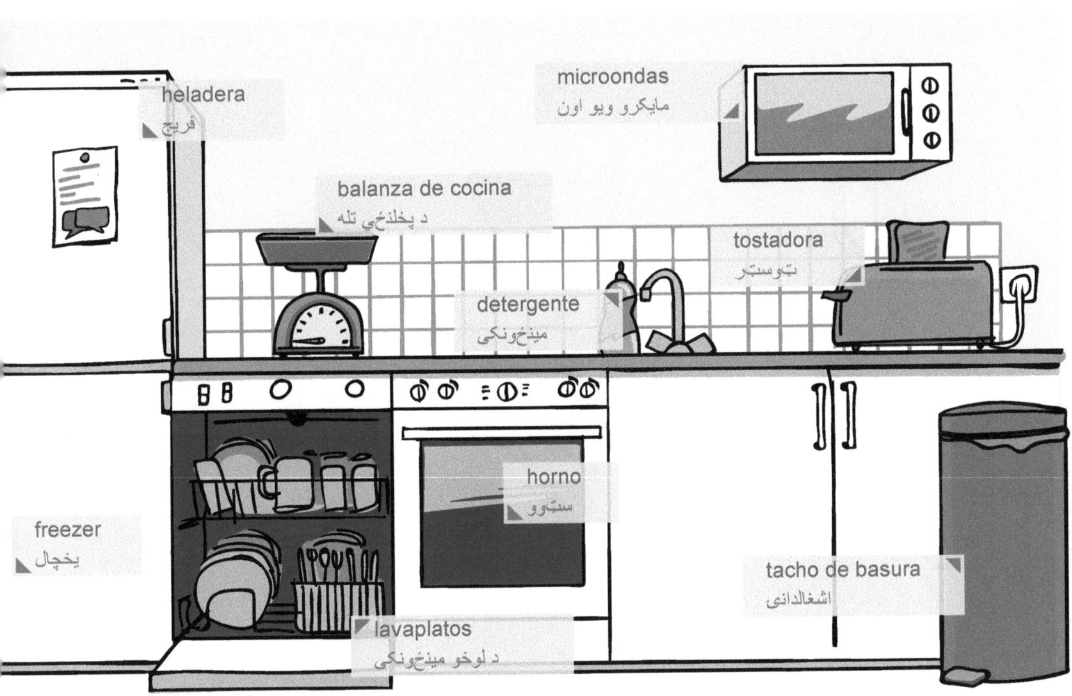
heladera
فریج
microondas
مایکرو ویو اون
balanza de cocina
د پخلنځي تله
tostadora
ټوستر
detergente
مینځونکی
horno
سټوو
freezer
یخچال
tacho de basura
اشغالدانی
lavaplatos
د لوخو مینځونکی

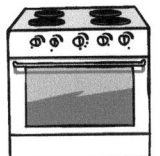

cocina

دیک بخار

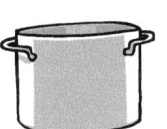

olla

لوخی

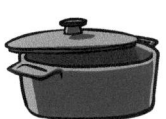

olla de hierro fundido

چدني لوخی

wok

ووک

sartén

د تلي په

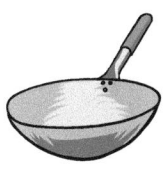

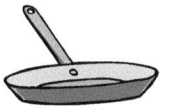

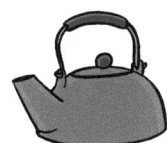

pava

چای جوش

vaporera

د بخار دیگ

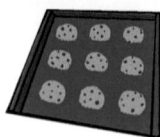

bandeja de horno

پتنوس

vajilla

لوخي

taza

مګ

bol

کاسه

palitos

د رانیولو اوزار

cucharón

ٹمڅی

estpátula

کفګیر

batidora

پاکونکی

colador

صافي

colador

غلبیل

rallador

ګریټر

mortero

اونګ

parrilla

بار بي کیو

fogata

خلاص اور

tabla de picar

تخته

palo de amasar

هوارونکی

sacacorchos

کارک سکریو

lata

تيم

abrelatas

د تيم خلاصونکی

manopla

د لوخي تونټه

pileta

ظرف شوی

cepillo

برس

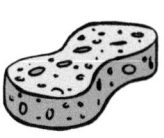

esponja

سپنج

batidora

بلیندر

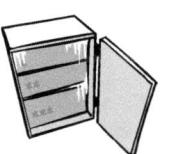

congelador

ژور يخچال

mamadera

د ماشوم بوتل

canilla

نل

baño

حمام

ducha
شاور
calefacción
تودول
toalla
جان پاک
cortina de ducha
د شاور پرده
baño de espuma
بیل حمام
bañadera
د حمام ټب
vaso
ګلاس
lavarropas
د مینځلو مشین
canilla
نل
baldosas
ټایلونه
pelela
یو ډول کمود
pileta
ظرف شوی

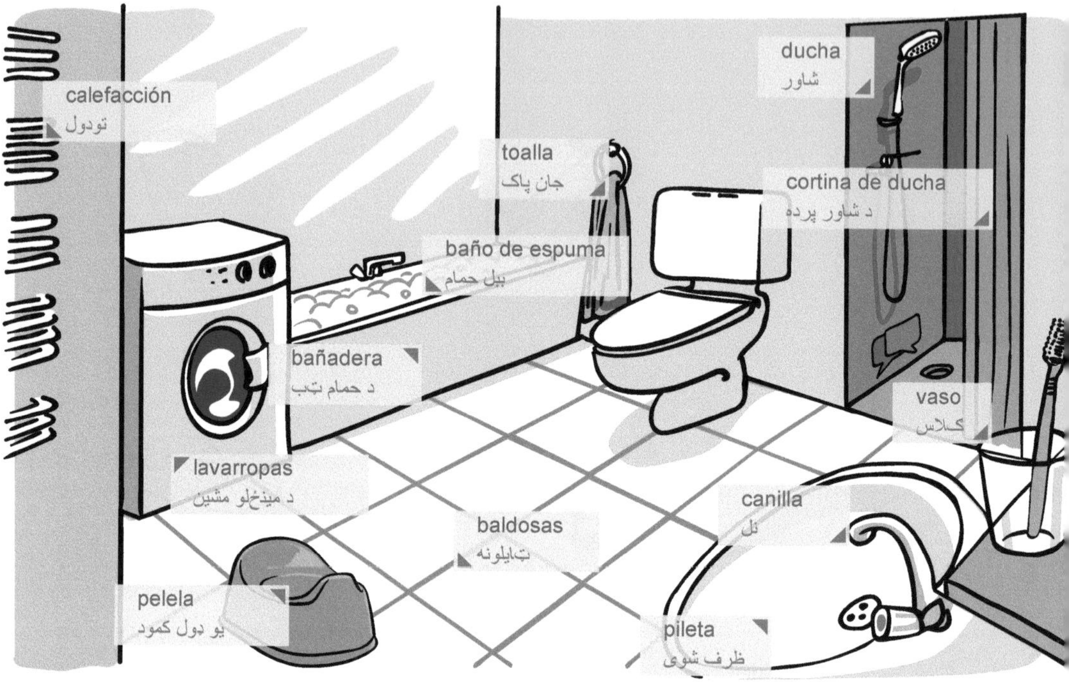

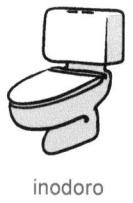

inodoro

تشناب

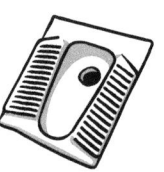

letrina

فرشي کمود

bidé

کمود

mingitorio

د متیازو ځای

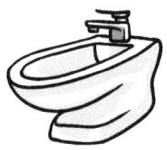

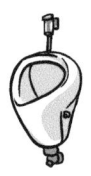

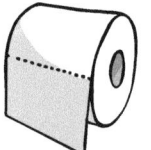

papel higiénico

تشناب کاغذ

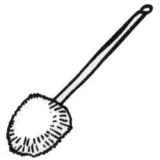

cepillo para el inodoro

د تشناب برس

cepillo de dientes

د غاښونو برس

dentífrico

د غاښونو کريم

hilo dental

د غاښونو نخ

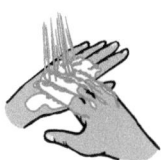

lavar

مينځل

ducha de mano

لاسي شاور

ducha higiénica

دوش

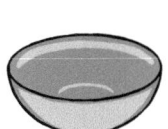

palangana

خانک

cepillo para espalda

د شا برس

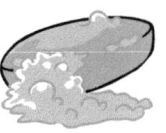

jabón

صابون

gel de ducha

د شاور ژل

shampoo

شامپو

toallita

فلانل جامه

desagüe

وچول

crema

کريم

desodorante

سپږی

espejo

آینه

espejito

لاسي آینه

maquinita de afeitar

ریزر

espuma de afeitar

د خریلو فوم

aftershave

د خریلو وروسته

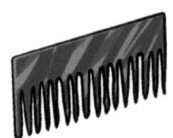

peine

کـمذخُ

cepillo

برس

secador de pelo

د ویښتانو وچونکی

spray

د ویښتانو سپری

maquillaje

میک اپ

lápiz de labios

لیپ سټیک

esmalte para uñas

د نوکانو پالش

algodón

کاټن وری

tijera para uñas

ناخن گیر

perfume

عطر

portacosméticos
········
د مینځلو کخوړه

banqueta
········
ستول

balanza
········
د وزن کولو تله

bata
········
د حمام پوښاک

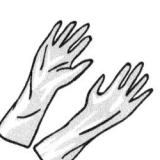

guantes de goma
········
د ربړ دستکش

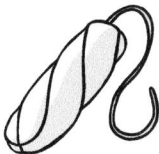

tampón
········
تامپون

toallita femenina
········
صحیی جان پاک

baño químico
········
کیمیکل تشناب

cuarto de los chicos

د ماشوم خونه

despertador
د الارم ساعت
peluche
د لوبو وسایل
coche de juguete
د نانځکي موټر
sonajero
ریتل
casa de muñecas
د نانځکو خونه
regalo
ډالۍ

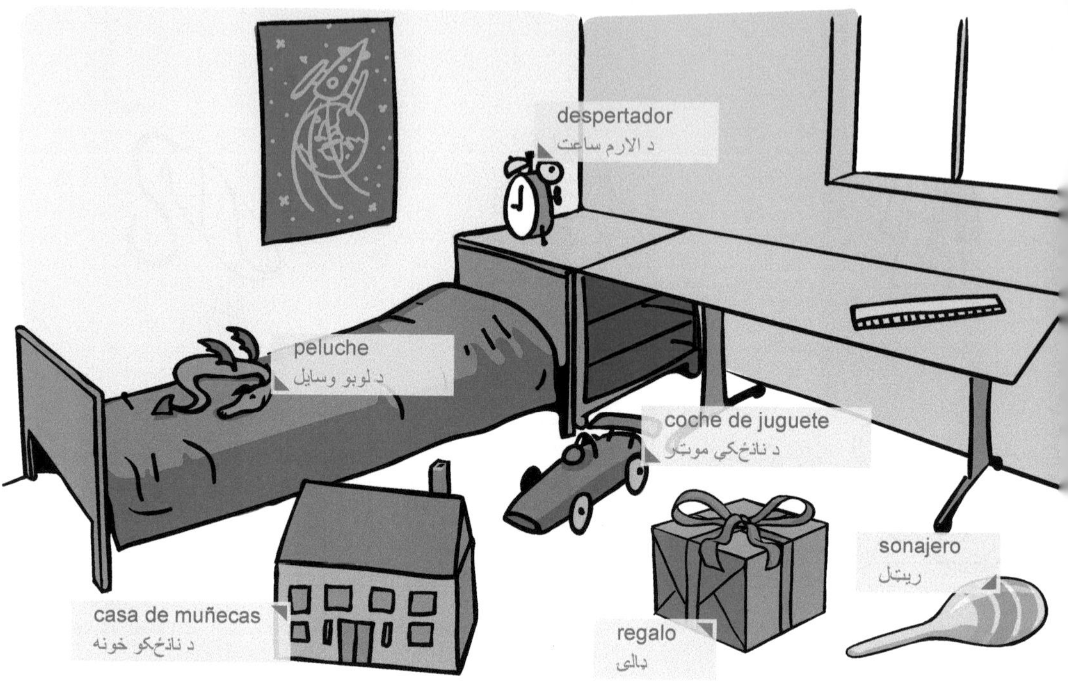

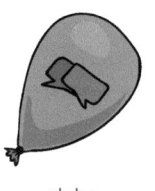

globo

بالون

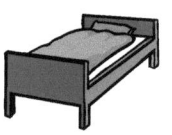

cama

تخت

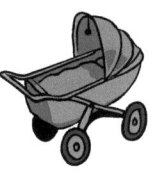

cochecito

کالسکه

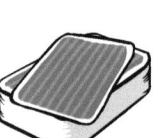

cartas

د لوبو ورقې

rompecabezas

جیکسا

SUPER MEGA

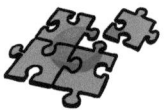

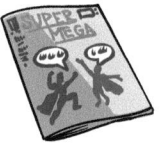

historieta

مسخره

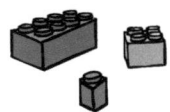

piezas de lego

ليگو بريک

ladrillos de juguete

د ناز خکو بلاک

figura de acción

د اكشن فيگور

enterito (de bebé)

د ماشوم پوښاک

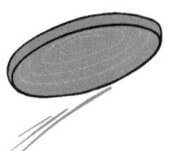

frisbee

فريزبي

móvil para bebés

موبايل

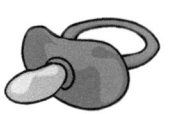

juego de mesa

بورد لوبه

dados

تاس

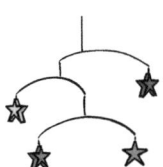

tren eléctrico

ماډل ريل سيت

chupete

گونگشی

fiesta

پارټي

libro de cuentos ilustrado

د عکسونو البوم

pelota

بال

muñeca

ناز خکه

jugar

لوبيدل

arenero

د شګو کنده

hamaca

سوینگ

juguetes

ناژدخکي

consola de videojuegos

د ویډیو لوبو کنسول

triciclo

نترای سایکل

osito de peluche

گوډبکه

armario

د کالو الماری

ropa

پوښاک

medias

جرابی

medias panty

لوړی جرابی

calzas

تایتس

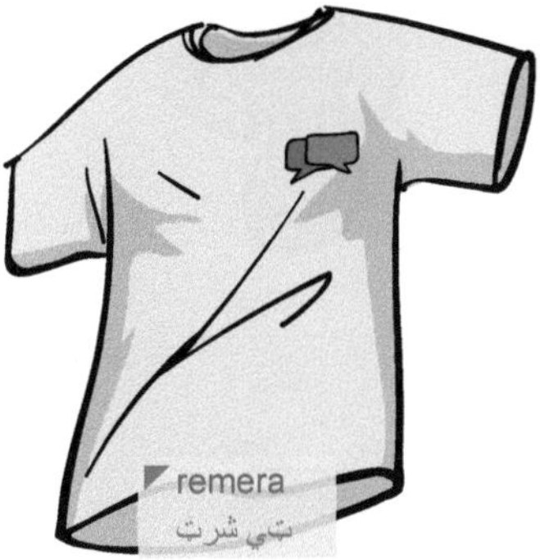

bufanda
زروکی

paraguas
چتری

cinturón
کمربند

remera
تي شرت

zapatillas
سنيکر

botas
بوټان

pantuflas
سلیپر

sandalias
سیندل

zapatos
بوټان

botas de goma
د ربر بوټان

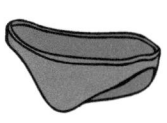

ropa interior
زیرنیکري

corpiño
سینه بند

chaleco
واسکټ

body

بادي

pantalones

پتلون

jeans

جينز

pollera

لمن

blusa

بلاوز

camisa

شرت

pulóver

بنيان

buzo

سويتر

blazer

بليزر

campera

جاكټ

tapado

کوټ

piloto

د باران کوټ

traje

پوښاک

vestido

کالي

vestido de novia

د واده پوښاک

traje

دريشي

camisón

د ښځې پوښاک

pijama

پاجامه

sari

ساري

pañuelo para cabeza

لوپته

turbante

پټکی

burka

برقه

caftán

کفتن

abaya

عبا

traje de baño

د لامبو پوښاک

short de baño

نيکر

shorts

شارټ

jogging

د ځغاستي پوښاک

delantal

پيش بند

guantes

دستکش

botón

بتّن

anteojos

عينک

pulsera

لاس بند

collar

غاره کئ

anillo

ګوتمه

aro

غوږوالئ

gorra

خولۍ

percha

کوټ بند

sombrero

خولۍ

corbata

نّښايی

cierre

خڼڅير

casco

هيلميټ

tiradores

نرونکی

uniforme escolar

د ښوونځي يونيفارم

uniforme

يونيفارم

ropa - پوښاک

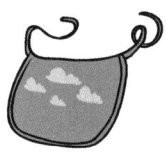

babero

بيب

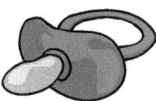

chupete

گونگشی

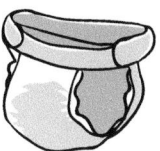

pañal

نيپي

oficina

دفتر

servidor
سرور
archivero
د دوسیه الماری
impresora
پرینټر
papel
ورق
monitor
مانیټور
mouse
ماوس
escritorio
ډیسک
carpeta
فولډر
teclado
کي بورډ
silla
چوکی
tacho (de basura)
اشغالدانی
computadora
کمپیوټر

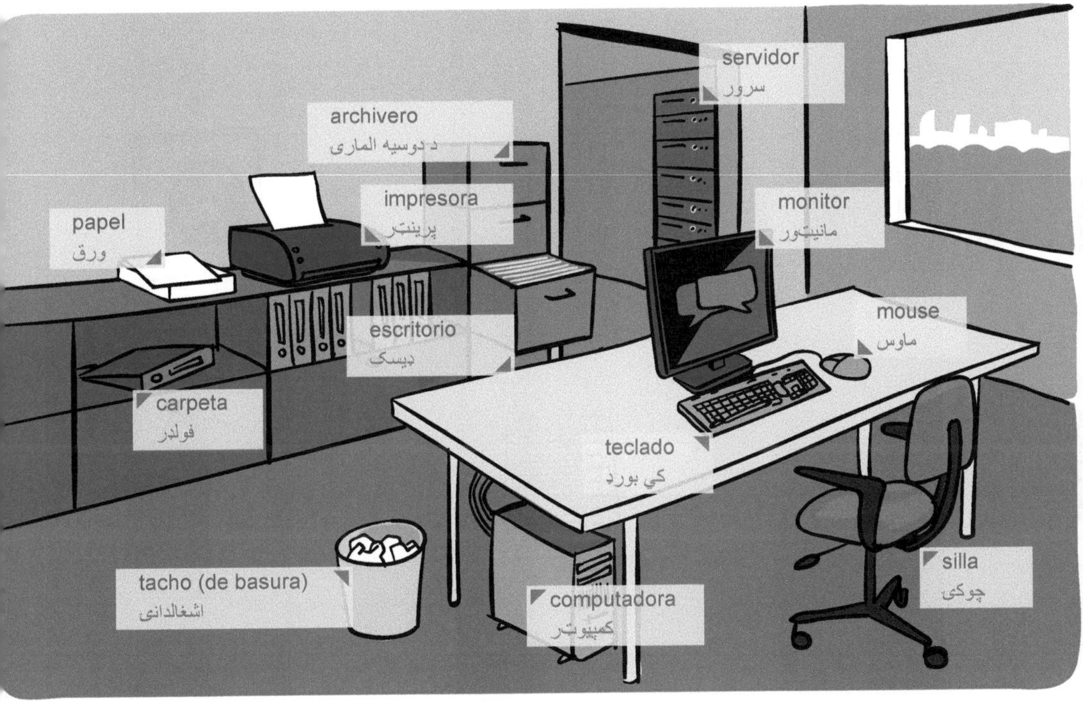

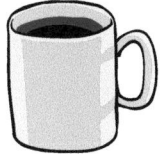

taza de café

د کافي پياله

calculadora

کالکولیټر

internet

انټرنیټ

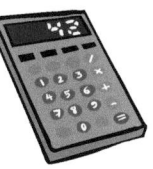

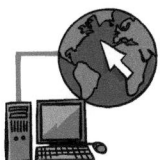

laptop

لپ ٹاپ

carta

لیک

mensaje

پیغام

celular

موبایل

red

نیٹورک

fotocopiadora

فوٹوکاپیر

software

سافٹویر

teléfono

تلیفون

tomacorriente

پلگ ساکٹ

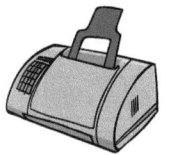

fax

فکس مشین

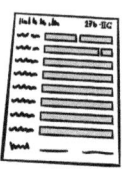

formulario

فارم

documento

سند

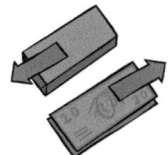

comprar

پېرل

pagar

تادیه کول

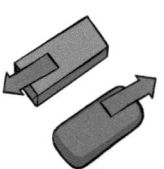

hacer negocios

سوداګري کول

dinero

پیسي

USD

dólar

ډالر

EUR

euro

یورو

JPY

yen

ین

RUB

rublo

ربل

CHF

franco suizo

سویسي فرانک

CNY

yuan

رینمینبي یوان

INR

rupia

روپۍ

cajero automático

د نغدي پیسو ځای

casa de cambio

د اسعارو د تبادلي دفتر

oro

سره زر

plata

سپين زر

petróleo

تیل

energía

انرژي

precio

نرخ

contrato

قرارداد

impuesto

مالیه

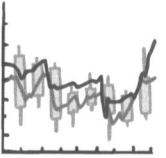

acción

اسهام

trabajar

کار کول

empleado

کارمند

empleador

کار کومارونکی

fábrica

فابريکه

negocio

پلورنځی

ocupaciones

مسلکونه

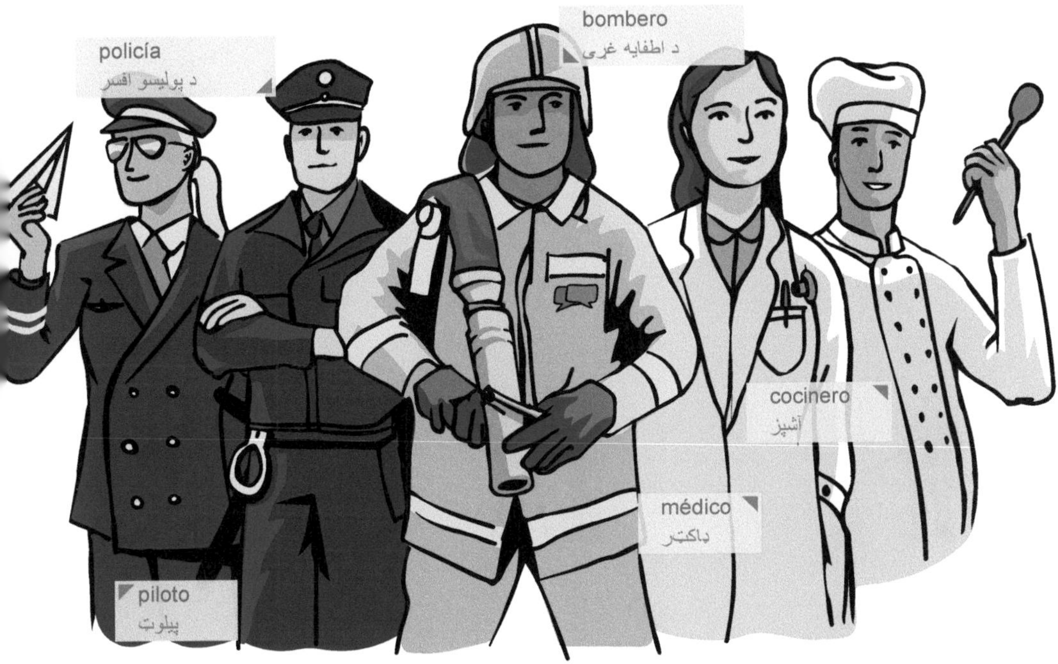

policía
د پولیسو افسر
bombero
د اطفایه غړی
cocinero
آشپز
médico
ډاکټر
piloto
پیلوټ

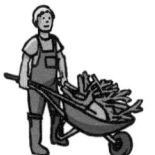

jardinero

باغوان

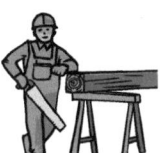

carpintero

نجار

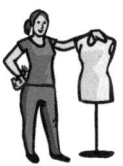

modista

خیاط

juez

قاضي

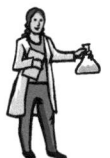

farmacéutico

کیمیا پوه

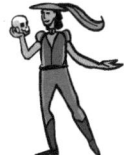

actor

د فلم لوبغاړی

colectivero

د بس ډرایور

taxista

د ټیکسي ډرایور

pescador

کب نیونکی

mucama

خدمه

techista

بام جوړونکی

mozo

پیشخدمت

cazador

ښکاري

pintor

نقاش

panadero

نانوا

electricista

د برښنا کارکونکی

albañil

تعمیر جوړونکی

ingeniero

انجنیر

carnicero

قصاب

plomero

نلدوان

cartero

پوست رسونکی

soldado

سرتيرى

arquitecto

مهندس

cajero

صراف

florista

ماليار

peluquero

نايى

cobrador

كليندر

mecánico

ميكانيك

capitán

كپتان

dentista

د غابرونو ډاكټر

científico

ساينس پوه

rabino

بن اغلى

imán

امام

monje

مذهبي نفر

sacerdote

پادري

herramientas

لوازم

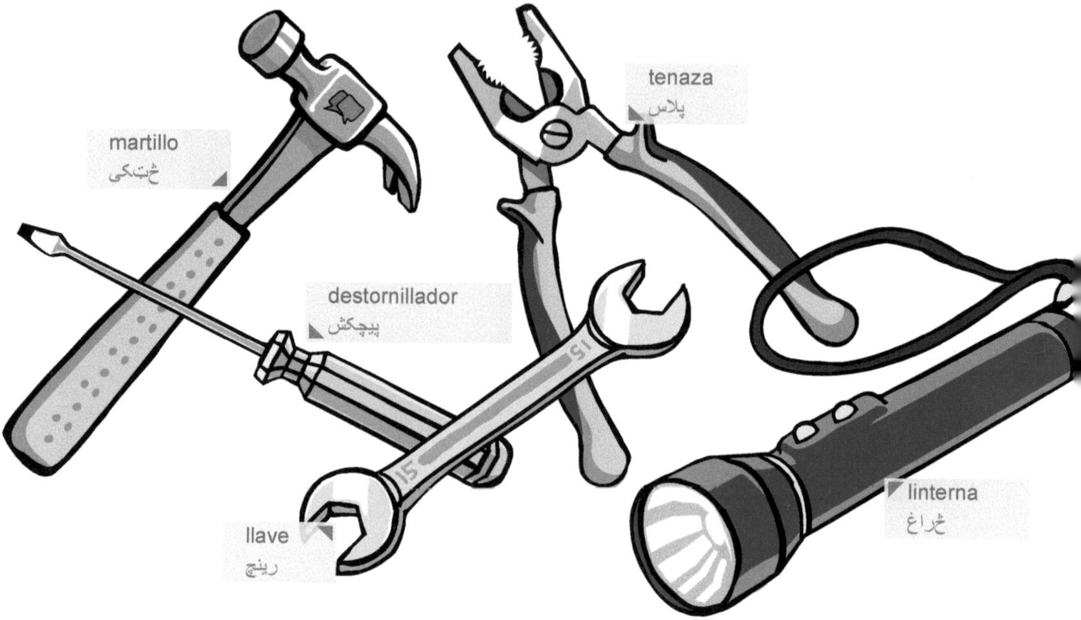

martillo
څټکی
tenaza
پلاس
destornillador
پیچکش
llave
رینچ
linterna
څراغ

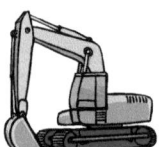

excavadora

کنستونکی

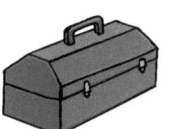

caja de herramientas

د لوازمو بکس

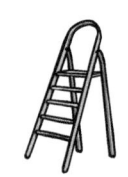

escalera portátil

زینه

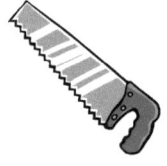

sierra

اره

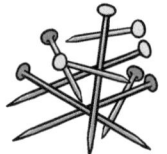

clavos

میخونه

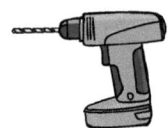

taladro

برمه

arreglar

ترمیم کول

pala de jardín

بیل

¡Qué bronca!

لعنت!

pala de plástico

خاک انداز

tacho de pintura

مشوانۍ

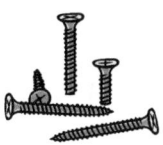

tornillos

پېچونه

instrumentos musicales

د میوزیک آلات

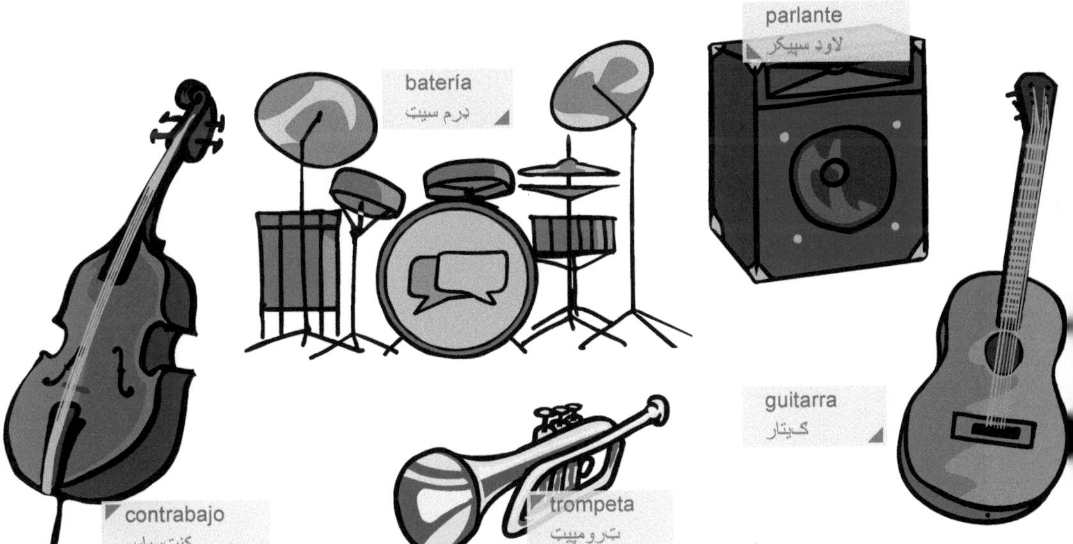

parlante

لاوډ سپیکر

batería

ډرم سیټ

guitarra

ګیتار

contrabajo

کنټرباس

trompeta

ترومپیټ

piano

پيانو

violín

وايلن

bajo

باس

timbales

نغاره

tambor

ډرمونه

teclado

کي بورد

saxofón

سېکسافون

flauta

ښپيلی

micrófono

مايکروفون

zoológico

ژوبڼ

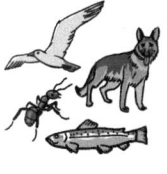

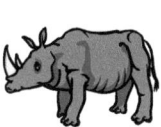

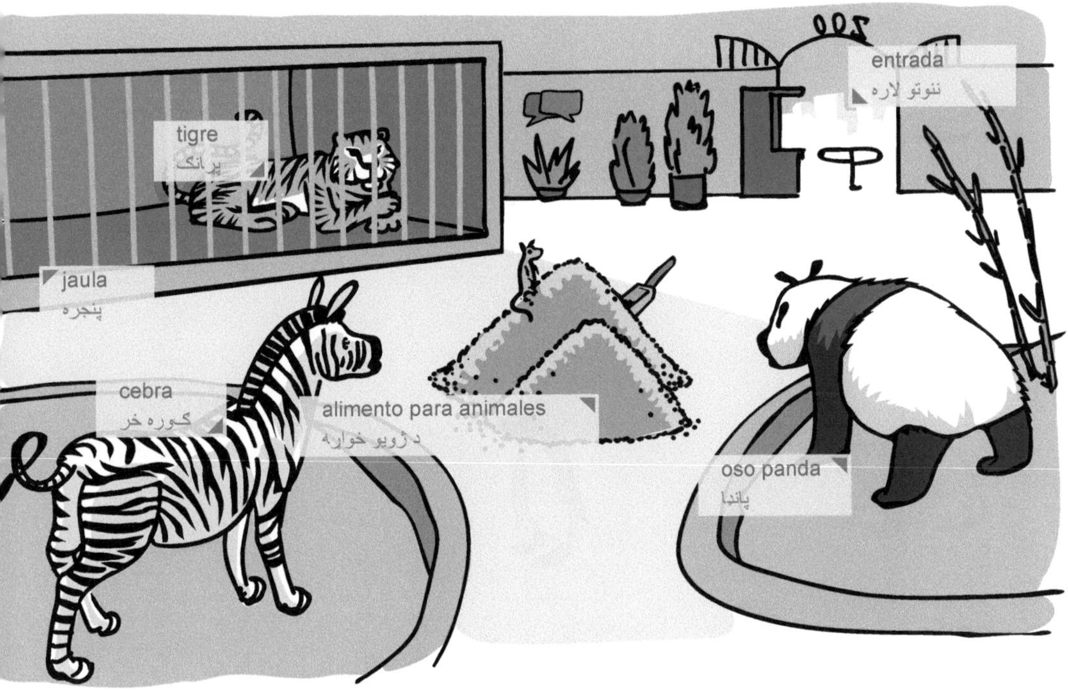

zoo
entrada
ننوتو لاره
tigre
پرانګ
jaula
پنجره
cebra
ګوره خر
alimento para animales
د ژويو خواړه
oso panda
پاندا

animales

ژوی

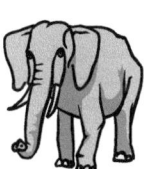

elefante

هاتي

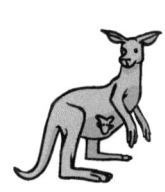

canguro

کنګرو

rinoceronte

د اوبو اسپ

gorila

ګوريلا

oso

ايږه

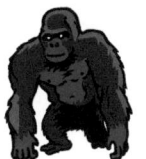

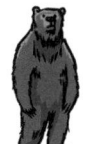

camello

اوښ

avestruz

ښترمرغ

león

زمری

mono

بيزو

flamenco

غزی

loro

طوطي

oso polar

قطبي ايږه

pingüino

پينگوين

tiburón

شارک

pavo real

طاوس

serpiente

مار

cocodrilo

تمساح

cuidador del zoológico

ژوبڼ ساتونکی

foca

سيل

jaguar

جگوار

poni

يابو

leopardo

پرانگ

hipopótamo

هيپو

jirafa

زرافه

águila

باز

jabalí

نرخوک

pescado

کب

tortuga

ثمشتى

morsa

سمندري نولى

zorro

گيدره

gacela

هوسى

fútbol americano
امریکایی فټبال

ciclismo
سایکل چلول

tenis
ټينيس

básquet
باسکیتبال

natación
لامبو

boxeo
باکسینګ

hockey sobre hielo
د کنګل هاکي

fútbol
....
فټبال

bádminton
کسیزه

atletismo
....
د ځغاستي لوبی

handball
....
د هندبال

esquí
سکي

polo
پولو

saltar
توپ وهل

reír
خندل

abrazar
غاړه ورکول

caminar
کرځيدل

cantar
سندرۍ ويل

soñar
خوب ليدل

rezar
عبادت کول

besar
مچ وکول

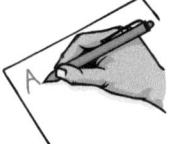

escribir

ليکل

dibujar

کښل

mostrar

ښودل

presionar

ټېله کول

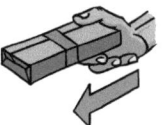

dar

ورکول

tomar

اخيستل

tener

درلودل

hacer

کول

ser

پاییدل

estar parado

ودریدل

correr

منډي وهل

tirar

راکښل

tirar

ګوزارل

caer

لویدل

estar acostado

څملاستل

esperar

انتظار کول

llevar

وړل

estar sentado

کښیناستل

vestirse

پوښاک اغوستل

dormir

ویده کیدل

despertar

پاخیدل

mirar

كتل

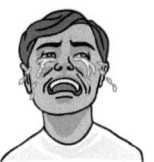

llorar

ژړل

acariciar

بريد کول

peinar

ګمنځ کول

hablar

خبري کول

entender

پوهېدل

preguntar

غوښتل

escuchar

اورېدل

beber

څښل

comer

خوړل

ordenar

پاکول

amar

مينه کول

cocinar

پخلی کول

manejar

موټر چلول

volar

الوتل

navegar

بیری چلول

calcular

حساب

leer

لوستل

aprender

زده کول

trabajar

کار کول

casarse

واده کول

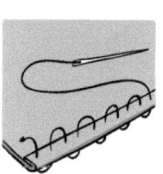

coser

کندل

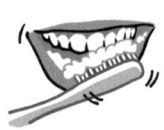

cepillarse los dientes

د غاښونو برس کول

matar

وژل

fumar

سګرټ څکښل

enviar

لیږدل

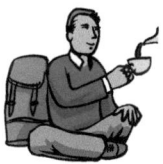

familia
کورنۍ

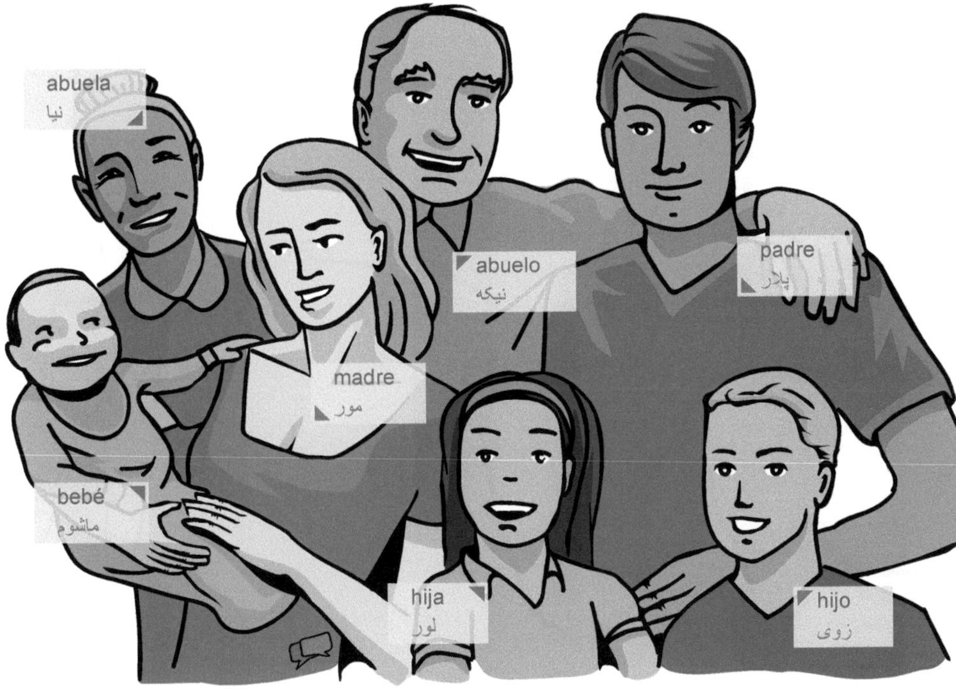

invitado
میلمه

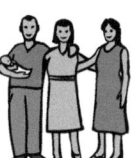

tía
ترور

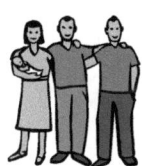

tío
کاکا/ماما

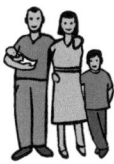

hermano
ورور

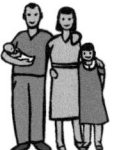

hermana
خور

cuerpo

بدن

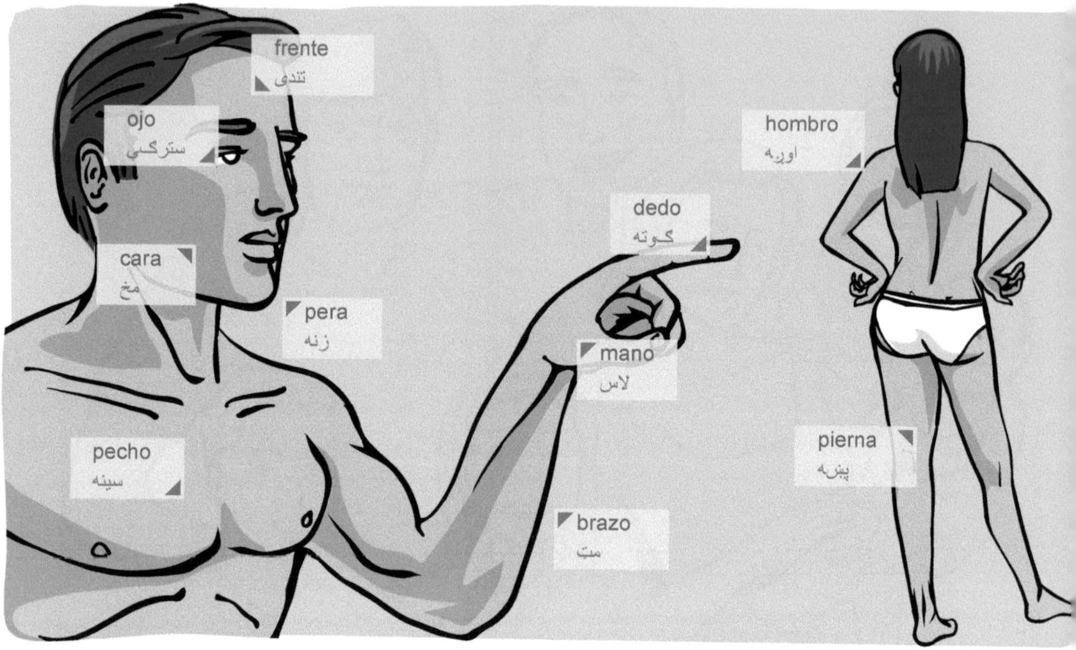

frente
تندی

ojo
سترګي

cara
مخ

pera
زنه

pecho
سينه

dedo
ګوته

mano
لاس

brazo
مت

hombro
اوږه

pierna
پنړه

bebé

ماشوم

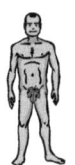

hombre

سرى

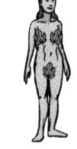

mujer

ښځه

nena

انجلۍ

nene

هلک

cabeza

سر

espalda

شا

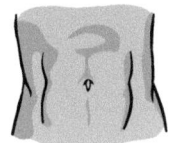

panza

خیټه

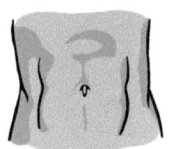

ombligo

نوم

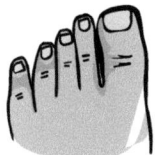

dedo del pie

د پښی گوته

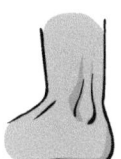

talón

پونده

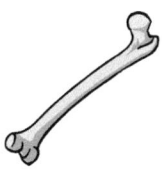

hueso

هډوکی

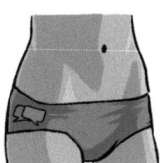

cadera

کوناتی

rodilla

زنگون

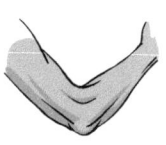

codo

څنګل

nariz

پوزه

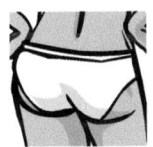

cola

لاندی برخه

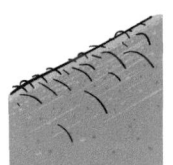

piel

پوټکی

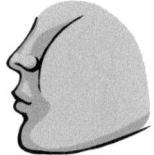

cachete

غومبوری

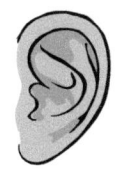

oreja

غوږ

labio

شونډه

boca

خوله

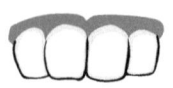

diente

غاښ

lengua

ژبه

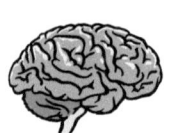

cerebro

مغز

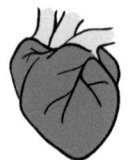

corazón

زره

músculo

عضله

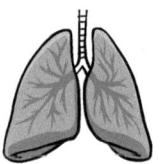

pulmón

سږی

hígado

ځيګر

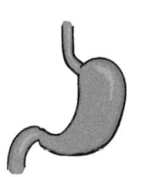

estómago

معده

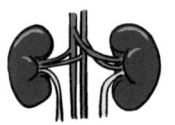

riñones

پښتورګي

sexo

جنسي نږدی والی

preservativo

کاندوم

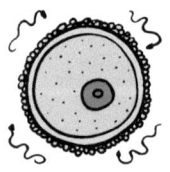

óvulo

تخمه

semen

مني

embarazo

حمل

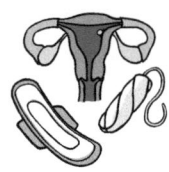

menstruación

حيض

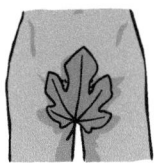

vagina

مهبل

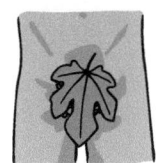

pene

د نارينه تناسلي آله

ceja

وروځى

pelo

ويښته

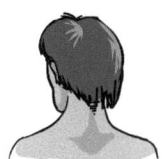

cuello

غاړه

hospital

روغتون

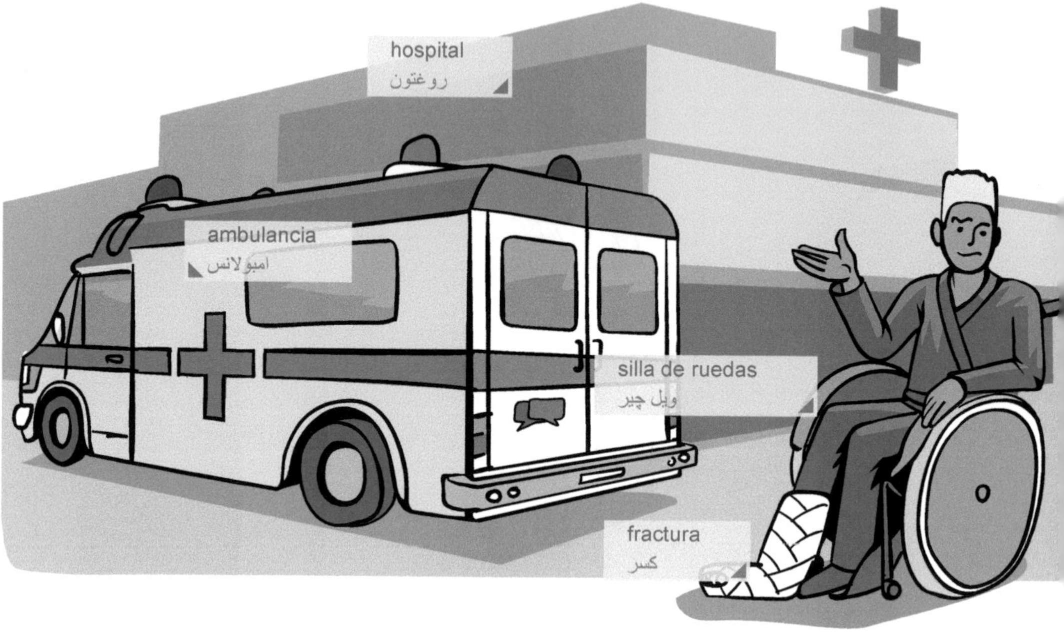

hospital
روغتون
ambulancia
امبولانس
silla de ruedas
ویل چیر
fractura
کسر

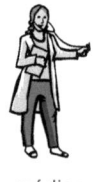

médico

داکتر

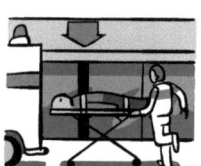

sala de guardia

عاجل خونه

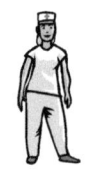

enfermera

رنځورپال

emergencia

عاجل

inconsciente

بې هوش

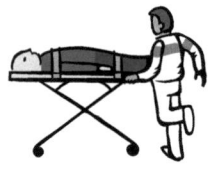

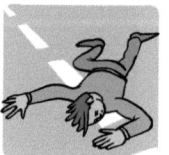

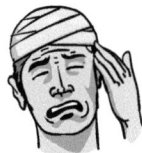

dolor

درد

lesión

پټ

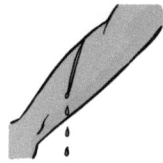

hemorragia

لدويت ونه

infarto

د زړه حمله

ACV

ضرب

alergia

حساسيت

tos

توخی

fiebre

تبه

gripe

انفلوينزا

diarrea

نس ناستی

dolor de cabeza

سر درد

cáncer

سرطان

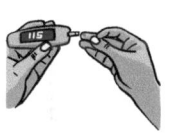

diabetes

شکر

cirujano

جراح

bisturí

سکالپل

operación

عمليات

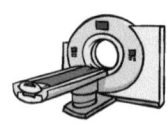

TC

سیرتي

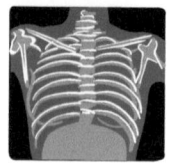

rayos x

ایکس ری

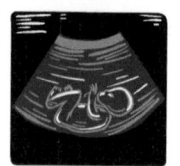

ecografía

الترا ساوند

barbijo

د مخ ماسک

enfermedad

ناروغي

sala de espera

انتظار خونه

muleta

امساأ

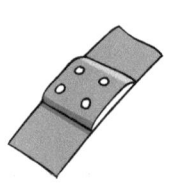

curita

پلستر

venda

بنداژ

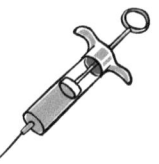

inyección

تزریق

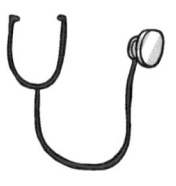

estetoscopio

ستاتسکوپ

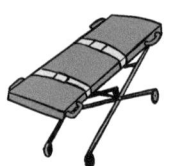

camilla

تسکیره

termómetro

کلینکي ترمامیتر

nacimiento

زیږون

sobrepeso

زیات وزن

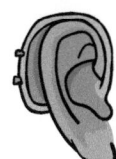

audífono

د اوريدو مرسته

desinfectante

د عفونيت څخه پاکونکي مواد

infección

عفونيت

virus

ويروس

VIH / SIDA

ايچ.آي.وي/ايدز

remedio

درمل

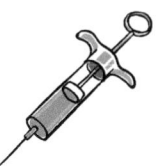

vacunación

واکسين

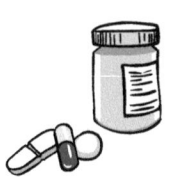

comprimidos

تابليټس

pastilla anticonceptiva

ګولۍ

llamada de emergencia

عاجل تليفون

tensiómetro

د ويني د فشار څارونکی

enfermo / sano

ناروغ/روغ

alarma

الارم

agresión

يرغل

¡Ayuda!

مرسته!

ataque

بريد

peligro

خطر

salida de emergencia

عاجل لاره

¡Fuego!

اور!

matafuego

د اور وژونکی

accidente

پيښه

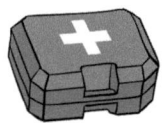

botiquín de primeros
auxilios

د لومړی مرستی لوازم

SOS

ايس.او.ايس

policía

پوليس

Europa

اروپا

América del Norte

شمالي امريکا

América del Sur

سهيلي امريکا

África

افريقا

Asia

آسيا

Australia

أستريليا

Atlántico

اتلانتيک

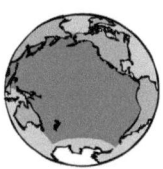

Pacífico

پاسيفيک

Océano Índico

د هند بحر

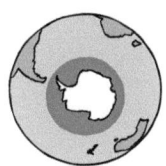

Océano Antártico

جنوبي منجمد بحر

Océano Ártico

د شمال قطب بحر

polo norte

شمالي قطب

polo sur

سهيلي قطب

Antártida

انتاركتيكا

Tierra

خُمكه

tierra

خُمكه

mar

بحر

isla

نتاپو

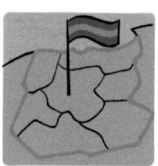

nación

ملت

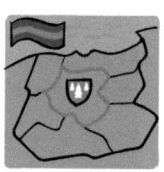

estado

دولت

esfera

د مخی ساعت

manecilla de las horas

د ساعت ستنه

minutero

د دقیقی ستنه

segundero

د ثانیی ستنه

¿Qué hora es?

څه وخت دی؟

día

ورځ

hora

وخت

ahora

اوس

reloj digital

ديجيتل ساعت

minuto

دقیقه

hora

ساعت

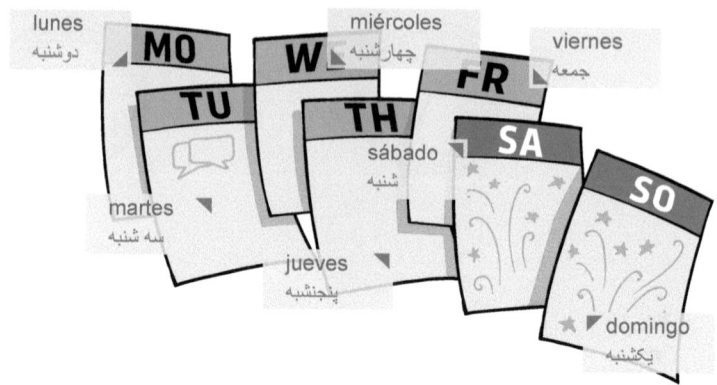

lunes
دوشنبه

miércoles
چهارشنبه

viernes
جمعه

martes
سه شنبه

sábado
شنبه

jueves
پنجشنبه

domingo
يكشنبه

ayer

پرون

hoy

نن

mañana

سبا

mañana

سهار

mediodía

غرمه

tarde

ماښام

días hábiles

كاري ورځي

fin de semana

د اونۍ پای

año

کال

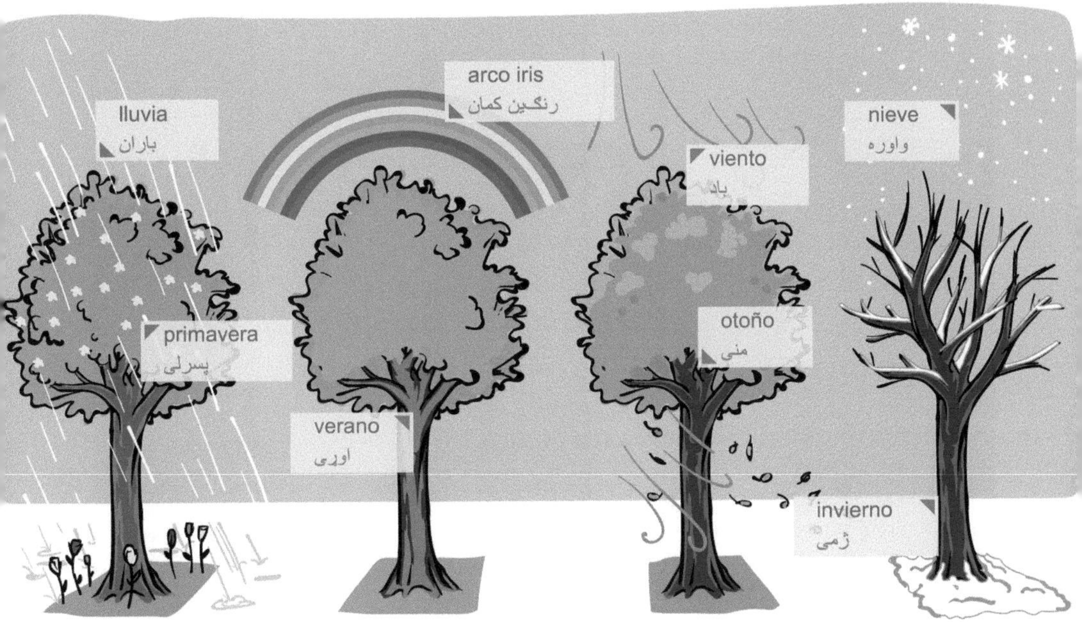
lluvia
باران
arco iris
رنګين كمان
nieve
واوره
viento
باد
primavera
پسرلی
otoño
منی
verano
اوړی
invierno
ژمی

4.APRIL 11°
5.APRIL 4°
6.APRIL 13°
7.APRIL 8°
8.APRIL 10°

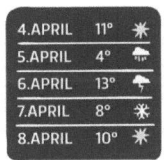

pronóstico meteorológico

د موسم وړاندوينه

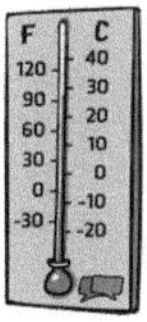
F
C
120
90
60
30
0
-30
40
30
20
10
0
-10
-20

termómetro

ترموميټر

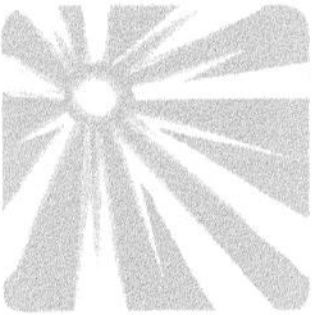

luz del sol

د لمر وړانګې

nube

وريځ

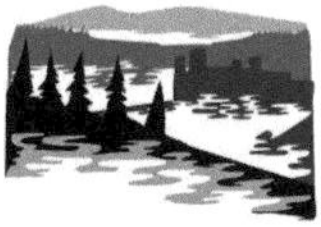

niebla

لړه

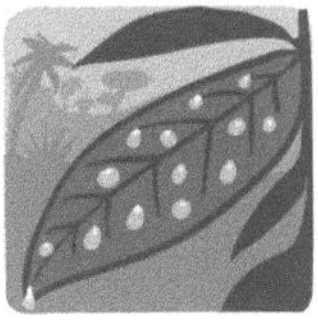

humedad

رطوبت

rayo

رپا

trueno

تندر

tormenta

توفان

granizo

پڑی وریڈل

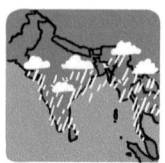

monzón

مون سون باران

inundación

سیلاب

hielo

یخ

enero

جنوري

febrero

فبروري

marzo

مارچ

abril

اپربل

mayo

می

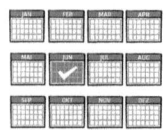

junio

جون

julio

جولاى

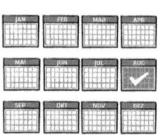

agosto

اگست

کال - año

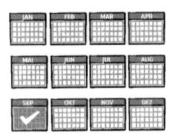

septiembre

....

سپتمبر

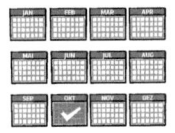

octubre

....

اکتوبر

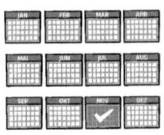

noviembre

....

نومبر

diciembre

....

دسمبر

formas

شكلونه

círculo

....

دايره

cuadrado

....

مربع

rectángulo

....

مستطيل

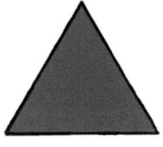

triángulo

....

مثلث

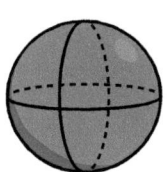

esfera

....

توپ

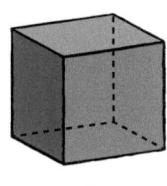

cubo

....

فال

blanco

سپين

amarillo

ژير

naranja

نارنجي

rosa

گـلابي

rojo

سور

violeta

ارغواني

azul

نيلي

verde

شين

marrón

نسواري

gris

خر

negro

تور

mucho / poco

خورا ډیر/خورا لږ

enojado / tranquilo

قار/ارام

lindo / feo

ښکليا/بدشكله

principio / fin

پیلا/پای

grande / chico

لوی/کوچنی

claro / oscuro

روښانها/تیاره

hermano / hermana

ورور/خور

limpio / sucio

پاک/ککر

completo / incompleto

مكمل/نامكمل

día / noche

ورځ/شپه

muerto / vivo

مرا/ژوندی

ancho / angosto

پراخها/نری

comestible / no comestible

....

د خوراک ور/نه خورل کیدونکی

malo / amable

....

بد/مهربان

entusiasmado / aburrido

....

پاریدلی/بی خونده

gordo / flaco

....

چاق/وچ

primero / último

....

لومړی/وروستی

amigo / enemigo

....

ملګری/دښمن

lleno / vacío

....

ډک/تش

duro / blando

....

سخت/نرم

pesado / liviano

....

دروند/سپک

hambre / sed

....

لوږه/تنده

enfermo / sano

....

ناروغ/روغ

ilegal / legal

....

غیرقانوني/قانوني

inteligente / estúpido

....

هوښیار/ساده

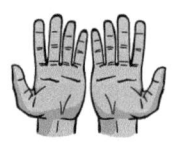

izquierda / derecha

....

کیڼ/ښی

cerca / lejos

....

نزدې/لرې

nuevo / usado

نوی/زوړ

nada / algo

هيڅ/يوڅه

viejo / joven

بوډا/ځوان

encendido / apagado

چالاد/بند

abierto / cerrado

خلاص/تړلی

silencioso / ruidoso

غلي/پور غږ

rico / pobre

بډايه/غريب

correcto / incorrecto

صحيح/غلط

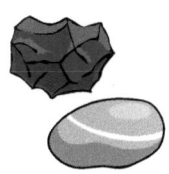

áspero / suave

زیږ/ملايم

triste / contento

خفه/خوښ

corto / largo

لنډ/اوږد

lento / rápido

سست/گرندی

mojado / seco

لوند/وچ

caliente / frío

گرم/يخ

guerra / paz

جگړه/سوله

0

cero

صفر

1

uno

يو

2

dos

دوه

3

tres

دری

4

cuatro

څلور

5

cinco

پنځه

6

seis

شپږ

7

siete

اوه

8

ocho

اته

9

nueve

نهه

10

diez

لس

11

once

يولس

12

doce

دولس

13

trece

ديارلس

14

catorce

جُوارلس

15

quince

پنځخلس

16

dieciséis

شپارس

17

diecisiete

وولس

18

dieciocho

اتلسن

19

diecinueve

نولس

20

veinte

شل

100

cien

سل

1.000

mil

زر

1.000.000

millón

ميليون

inglés

انگـلسي

inglés americano

امریکایی انگـلسي

chino mandarín

چینایی مندرین

hindi

هندي

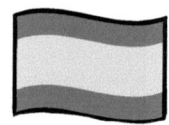

español

هسپائوي

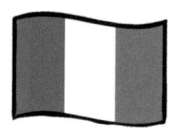

francés

فرانسوي

árabe

عربي

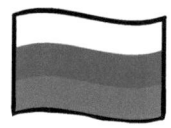

ruso

روسي

portugués

پرتکـالي

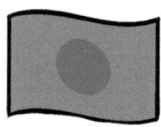

bengalí

بنکـالي

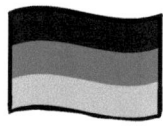

alemán

آلماني

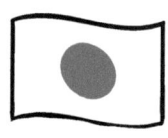

japonés

جاپاني

yo

زه

vos

ته

él / ella

هغه/د غه/دا

nosotros

موږ

ustedes

تاسي

ellos

دوی/هغوی

¿quién?

څوک؟

¿qué?

څه؟

¿cómo?

څنګه؟

¿dónde?

چيري؟

¿cuándo?

کله؟

nombre

نوم

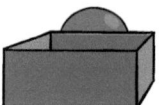

detrás

شاته

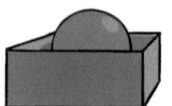

en

په

adelante de

په مخه کی

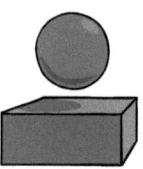

por encima de

باندي

sobre

په

debajo de

لاندي

al lado de

برسیره پر

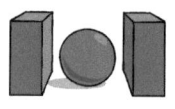

entre

ترمیدخ

lugar

ځای